USBORNE

FIRST THOUSAND WORDS

IN FRENCH

Heather Amery
Illustrated by Stephen Cartwright
Edited by Nicole Irving
Designed by Andy Griffin

How to say the French words

The best way to learn how to pronounce French words is to listen to a native French speaker. You can hear a native speaker on the CD in this pack, and you can also listen to the words on the Usborne Quicklinks website. Just go to **www.usborne-quicklinks.com** and enter the keywords **1000 french pack**. There you can also find links to other useful websites about France and the French language.

Notes for parents and guardians

Please ensure that your children read and follow the internet safety guidelines displayed on the Usborne Quicklinks Website.

The links in Usborne Quicklinks are regularly reviewed and updated. However, the content of a website may change at any time, and Usborne Publishing is not responsible for the content on any website other than its own.

On every big picture across two pages, there is a little yellow duck to look for. Can you find it?

Usborne Publishing is not responsible, and does not accept liability, for the availability or content of any website other than its own, or for any exposure to harmful, offensive or inaccurate material which may appear on the internet.

Usborne Publishing will have no liability for any damage or loss caused by viruses that may be downloaded as a result of browsing the sites it recommends.

Usborne downloadable puzzles and sounds are the copyright of Usborne Publishing Ltd. and may not be reproduced in print or electronic form for any commercial or profit-related purpose.

First published in 2008 by Usborne Publishing Ltd, Usborne House, 83-85 Saffron Hill, London EC1N 8RT, England. www.usborne.com Copyright © 2008, 1995, 1979 Usborne Publishing Ltd.
The name Usborne and the devices are Trade Marks of Usborne Publishing Ltd. All rights reserved. No part of this publication may be reproduced, stored in a retrieval system or transmitted in any form or by any means, electronic, photocopying, recording or otherwise, without the prior permission of the publisher. Printed in China.

About this book

The First Thousand Words is an enormously popular book which has helped many thousands of children and adults to learn new words and improve their French language skills.

You'll find it easy to learn words by looking at the small, labelled pictures. Then you can practise the words by talking about the large central pictures. You can also listen to the words on the CD in this pack or on the Usborne Quicklinks Website (see below).

There is an alphabetical word list at the back of the book, which you can use to look up words in the picture pages.

Remember, this is a book of a thousand words. It will take time to learn them all!

Masculine and feminine words

When you look at French words for things such as "table" or "man", you will see that they have **le**, **la** or **l'** in front of them. This is because all French words for people and things are either masculine or feminine. **Le** is the word for "the" in front of a masculine word, **la** is "the" in front of a feminine word, and you use **l'** in front of words that begin with "a", "e", "i", "o" or "u". For plurals (more than one, as in "tables" or "men"), the French word for "the" is **les**.

All the labels in this book show words for things with **le**, **la**, **l'** or **les**. Always learn them with this little word.

Looking at French words

A few French words have accents. These are signs that are written over or under some letters. Usually they are over the letter "e", and they change the way you say the letter.

la voiture

le garçon

la boîte de peinture

le ballon

le surf de neige

les jouets

le robot

le sandwich

le cahier

le manchot

La maison

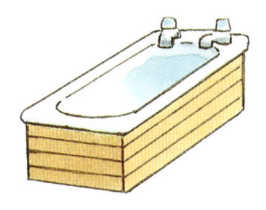

La salle de bains

Le salon

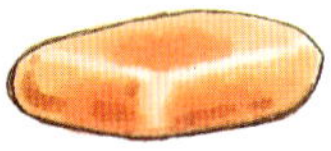

- la baignoire
- le savon
- le robinet 
- le papier hygiénique 
- la brosse à dents 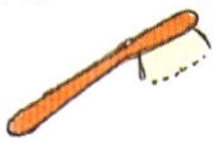
- l'eau 
- les toilettes 
- l'éponge 
- le lavabo 
- la douche 
- la serviette 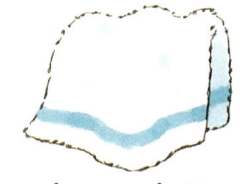
- le dentifrice 
- la radio 
- le coussin 
- le CD 
- la moquette
- le lit 
- le canapé

4

la chaise  — la couette — le peigne  — le drap  — la descente de lit  — l'armoire — l'oreiller  — la commode  — le miroir  — la brosse à cheveux — la lampe  — les posters 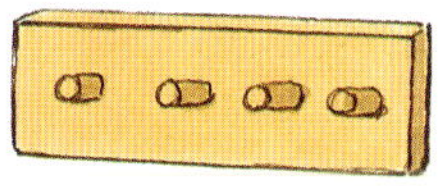 — le portemanteau  — le téléphone  — l'escalier

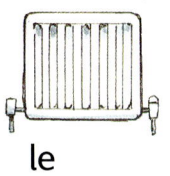

La chambre

L'entrée

le radiateur — la cassette vidéo — le journal  — la table 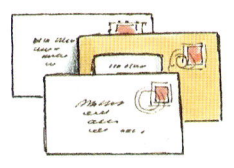 — les lettres

5

La cuisine

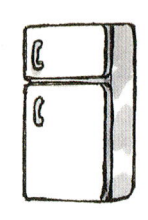

- le réfrigérateur
- les verres
- la pendule 
- le tabouret 
- les petites cuillères 
- l'interrupteur 
- le paquet de lessive 
- la clé 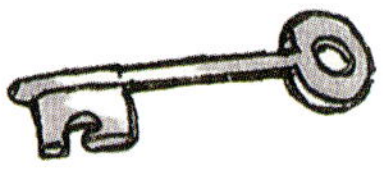
- la porte 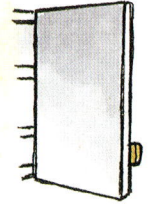
- l'aspirateur  
- les casseroles
- les fourchettes 
- le tablier 
- la planche à repasser 
- les ordures 
- l'évier

la bouilloire — les couteaux — le balai à franges — le chiffon — les carreaux — le balai — le lave-linge

la pelle à ordures
le tiroir
les soucoupes
la poêle
la cuisinière
les cuillères en bois
les assiettes
le fer à repasser
le placard

le torchon — les tasses — les allumettes — la brosse — les bols

7

Le jardin

la brouette
la ruche 
l'escargot 
les briques 
le pigeon 
la bêche 
la coccinelle 
la poubelle 
les graines 
l'appentis 

l'arrosoir

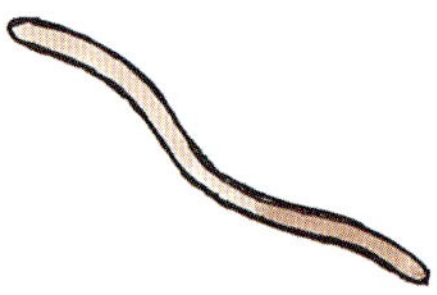

le ver de terre
les fleurs 
le tourniquet 
la binette 
la guêpe 

8

l'abeille — le déplantoir — l'os — la haie — la fourche

la tondeuse

le chemin

les feuilles

l'arbre

la fumée

la chenille

le râteau

le nid

les bâtons

la serre

l'herbe — le landau — l'échelle — le feu — le tuyau d'arrosage

9

L'atelier

l'étau

le papier de verre

la perceuse

l'échelle

la scie

la sciure

le calendrier

la boîte à outils

le tournevis

la planche

les copeaux

le canif

les vis

les punaises — l'araignée — les boulons  — les écrous 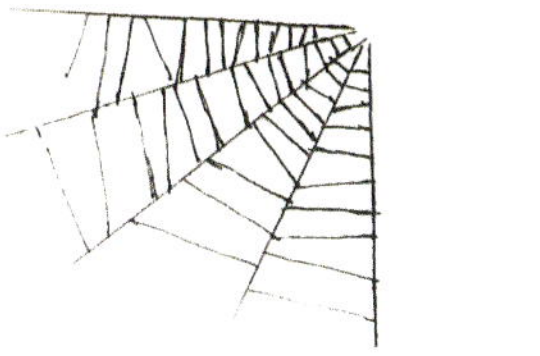 — la toile d'araignée

le tonneau

la mouche

la hache

le mètre

le marteau

la lime

le pot de peinture

les morceaux de bois  — les clous 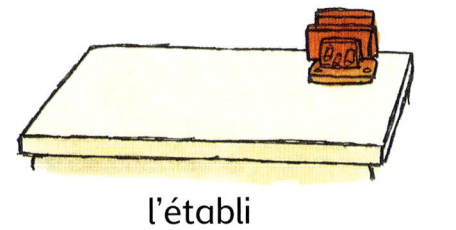 — l'établi  — les pots — le rabot

11

La rue

- le magasin
- le trou 
- le café 
- l'ambulance 
- le trottoir 
- l'antenne de télévision 
- la cheminée 
- le toit 
- le bulldozer 
- l'hôtel 
- le monsieur
- la voiture de police
- les tuyaux 
- le marteau piqueur 
- l'école 
- la cour de récréation 
- l'autobus

12

le taxi le passage pour piétons l'usine le camion le feu de signalisation le cinéma

la camionnette

le rouleau compresseur

la remorque

la maison

le marché

les marches

la moto

la bicyclette le camion de pompiers l'agent de police la voiture la dame le lampadaire l'immeuble

13

Le magasin de jouets

l'harmonica

le train électrique

les dés

la flûte

le robot

les tambours

le collier

l'appareil photo

les perles

les poupées

la guitare

la bague

la maison de poupée

le sifflet

les cubes

le château fort

le sous-marin

la trompette

les flèches

l'arc

le parachute

le bateau à voiles

les bâtons de maquillage

le rouleau compresseur

les masques

la voiture de course

le cheval à bascule

la tirelire

les billes

les marionnettes

le piano

les astronautes

la grue

la pâte à modeler

le fusil

les soldats de plomb

la boîte de peinture

la fusée

15

Le jardin public

les balançoires

le bac à sable

le pique-nique

le cerf-volant

la glace

le chien

la barrière

le chemin

la grenouille

le toboggan

le banc

les têtards

le lac

les rollers

le buisson

16

le bébé
la planche à roulettes 
la terre 
la poussette 
la balançoire 
les enfants  
le tricycle 
les oiseaux 
la clôture 
le ballon 
le bateau 
la ficelle 
la flaque d'eau 
les canetons 
la corde à sauter  
les arbres
la plate-bande
les cygnes 
la laisse 
les canards 

17

Le zoo

le panda

l'aile

l'aigle

l'hippopotame

le singe

la chauve-souris

le gorille

les pattes

le kangourou

la queue

le loup

le crocodile

le manchot

l'ours

le pélican

les plumes

le dauphin

l'autruche

le lion

les lionceaux

la girafe

18

les bois

le cerf

le dromadaire

le phoque

la tortue

l'ours blanc

la trompe

le rhinocéros

le bison

l'éléphant

le castor

la chèvre

le zèbre

le serpent

le requin

la baleine

le tigre

le léopard

19

Le voyage

les rails

la locomotive

les tampons

les wagons

le mécanicien

le train de marchandises

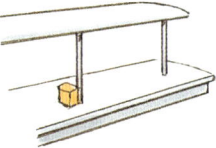

le quai

la contrôleuse

la valise

la billetterie

l'hélicoptère

La gare

Le garage

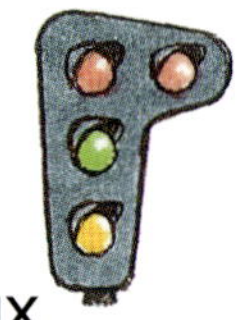

les feux de signalisation

le sac à dos

les phares

le moteur

la roue

la batterie

L'aéroport

- l'avion
- l'hôtesse de l'air
- la piste
- la tour de contrôle
- le steward
- le pilote
- le lavage-auto
- le coffre
- l'essence
- la dépanneuse
- le camion-citerne
- la clef
- le pneu
- le capot
- l'huile
- la pompe à essence

La campagne

- l'éolienne
- la montgolfière
- le papillon  
- le lézard 
- les pierres 
- le renard 
- le ruisseau 
- le poteau indicateur 
- le hérisson 
- l'écluse 
- l'écureuil
- la forêt
- le blaireau 
- la rivière 
- la route 
- la montagne

22

les tentes le canal les rondins le village  le papillon de nuit  le pont

la péniche

la cascade

le hibou

le tunnel

les renardeaux

la taupe

le pêcheur

les rochers  le crapaud  le train  la caravane  la colline

23

La ferme

la meule de foin

le chien de berger

les canards

les agneaux

la mare

les poussins

le grenier

la porcherie

le taureau

les canetons

le poulailler

le tracteur

le coq

les oies

le camion-citerne

la grange

la boue

la charrette

le fermier  — le champ  — les poules  — le veau  — la palissade  — la selle  — l'étable

la vache

la charrue

le verger

l'écurie

les petits cochons

la bergère

les dindons

l'épouvantail

la ferme

le foin  — les moutons 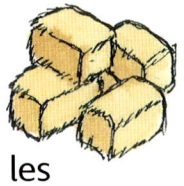 — les bottes de paille  — le cheval  — les cochons

25

La plage

- le bateau à voiles
- la mer
- la rame
- le phare 
- la pelle 
- le seau 
- l'étoile de mer 
- le château de sable 
- le parasol 
- le drapeau 
- le marin  
- le crabe
- la mouette 
- l'île 
- le canot à moteur
- le ski nautique
- le coquillage

26

les vagues — le chapeau de paille — la falaise — le navire — le kayak — la corde

les galets

les algues

le filet

la pagaie

le bateau de pêche

les palmes

l'âne

le poisson

le maillot de bain — le pétrolier — la plage — la barque — le transat

27

L'école

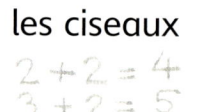

- les ciseaux
- le calcul
- la gomme 
- la règle 
- les photos 
- les feutres 
- les punaises 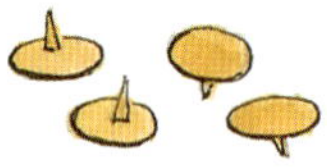
- la boîte de peinture 
- le garçon 
- le crayon 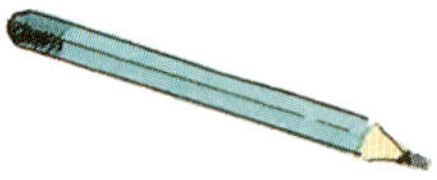
- le bureau 
- les livres 
- le stylo à encre 
- la colle 
- la craie 
- le dessin 
- le tableau

28

la corbeille à papier • l'institutrice • la boîte • la carte • le pinceau • le plafond

le mur

le plancher

le cahier

l'alphabet

le badge

l'aquarium

le papier

le store

le tableau noir

la poignée • la plante • la mappemonde • la fille • les crayons cire • la lampe • le tableau noir

29

L'hôpital

- l'infirmier
- le coton
- le médicament 
- l'ascenseur 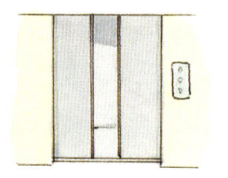
- la robe de chambre 
- les béquilles 
- les comprimés 
- le plateau 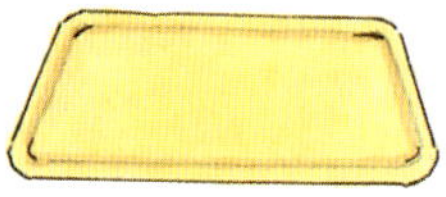
- la montre 
- le thermomètre 
- le rideau 
- le plâtre
- la bande
- le fauteuil roulant
- le puzzle 
- le docteur 
- la seringue 
- l'ours en peluche
- la pomme

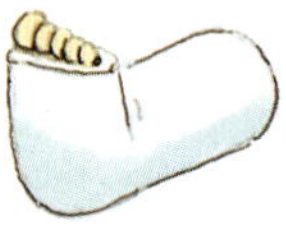

Le docteur

les pantoufles

l'ordinateur

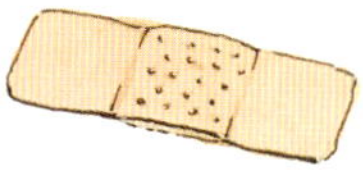

le pansement

la banane

le raisin

le panier

les jouets

la poire

les cartes

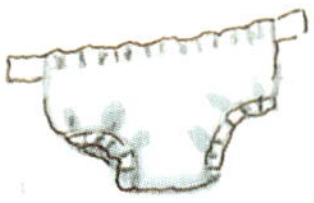

la couche

la canne

la télévision  — la chemise de nuit  — le pyjama  — l'orange  — les mouchoirs en papier  — la BD  — la salle d'attente

31

La fête

le ballon

le chocolat

le bonbon

la fenêtre

les feux d'artifice

le ruban

le gâteau

les cadeaux

la paille    la bougie    la guirlande    les jouets

la clémentine   le saucisson   la cassette   la saucisse

les chips

les déguisements

la cerise

le jus de fruits

la framboise

la fraise

l'ampoule

le sandwich   le beurre   le biscuit   le fromage   le pain   la nappe

33

Le magasin

- le pamplemousse
- la carotte 
- le chou-fleur 
- le poireau 
- le champignon 
- le concombre 
- le citron 
- le céleri 
- l'abricot 
- le melon

- le sac

FRUITS ET LÉGUMES

FROMAGE

- l'oignon
- le chou
- la pêche 
- la laitue 
- les petits pois 
- la tomate

les œufs  — la prune  — la farine  — la balance  — les bocaux  — la viande  — l'ananas

le yaourt

le panier

les bouteilles

le sac à main

le porte-monnaie

l'argent

les boîtes de conserve

le caddie

les pommes de terre — les épinards  — les haricots  — la caisse  — la citrouille

35

La nourriture

le petit déjeuner

le déjeuner

le café

l'œuf à la coque

l'œuf au plat

le pain grillé

la confiture

la crème

le lait

les céréales

le chocolat chaud

le sucre

le miel

le sel

le poivre

le thé

les crêpes

les petits pains

le dîner

le jambon

la soupe

l'omelette

les baguettes

la salade

le hamburger

le poulet

le riz

le ketchup

les spaghetti

la purée

la pizza

les frites

les desserts

Moi

la tête — les cheveux
la figure

le bras
le coude
le ventre

les doigts de pied
le pied
la jambe
le genou

le sourcil — l'œil — le nez
la joue — la bouche — les lèvres
les dents — la langue — le menton
les oreilles — le cou — les épaules
la poitrine — le dos — le derrière
la main — le pouce — les doigts

Les vêtements

les chaussettes — le slip — le maillot de corps — le pantalon — le jean — le tee-shirt

la jupe — la chemise — la cravate — le short — le collant — la robe

le pull-over — le sweat-shirt — le gilet — l'écharpe — le mouchoir

les tennis — les chaussures — les sandales — les bottes — les gants

la ceinture — la boucle — la fermeture éclair — le lacet — le bouton — les boutonnières

les poches — le manteau — le blouson — la casquette — le chapeau

39

Les gens

l'acteur

l'actrice

le cuisinier

le danseur

la danseuse

le chanteur

la chanteuse

l'astronaute

le boucher

les agents de police

le menuisier

le pompier

l'artiste

le juge

le mécanicien

la mécanicienne

le coiffeur

le chauffeur de camion

le conducteur d'autobus

le serveur
la serveuse

le facteur

la dentiste

l'homme-grenouille

le peintre

la boulangère

La famille

le fils
le frère

la fille
la sœur

la mère
la femme

le père
le mari

la tante   l'oncle

le cousin

le grand-père
la grand-mère

Les actions

sourire

pleurer

penser

écouter

rire

attraper

lancer

casser

peindre

écrire

couper

couper

manger

parler

creuser

porter

boire

faire

sauter

danser

se laver

tricoter

ramper

42

jouer — regarder — grimper
se bagarrer — dormir — prendre — sauter à la corde — attendre
coudre
faire la cuisine — se cacher — lire — acheter — pousser
chanter — souffler — tirer
balayer — cueillir
tomber — marcher — courir — être assis

43

Les contraires

bien — mal

le haut — le bas

froid — chaud

loin — près

mouillé — sec

sur — sous

sale — propre

gros — maigre

ouvert — fermé

petit — grand

peu — beaucoup

premier — dernier

à gauche

44

dehors
dedans
facile
difficile
vide
plein
mou
dur
devant
haut
lent
rapide
derrière
bas
long
court
mort
vivant
sombre
clair
vieux
en haut
à droite
neuf
en bas

45

Les jours

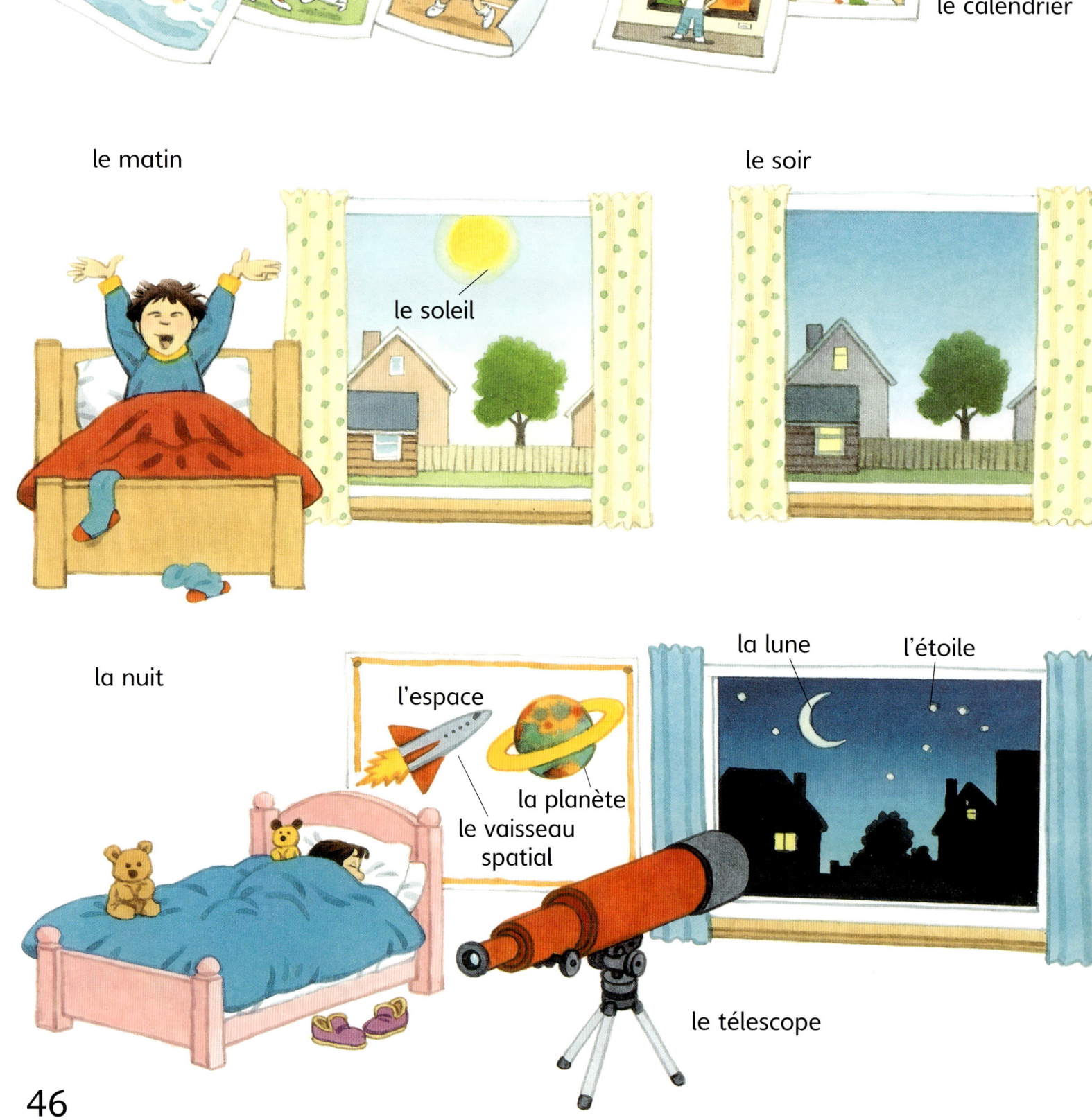

lundi
mardi
mercredi
jeudi
vendredi
samedi
dimanche

le calendrier

le matin

le soleil

le soir

la nuit

l'espace
la planète
le vaisseau spatial

la lune
l'étoile

le télescope

46

Jours de fête

l'anniversaire

la carte d'anniversaire

la bougie

les vacances

le cadeau

le gâteau d'anniversaire

le jour du mariage

l'appareil photo

la demoiselle d'honneur

la mariée   le marié

le photographe

Noël

le renne

le père Noël

le traîneau

le sapin de Noël

47

Le temps

le soleil — les nuages

le parapluie

le ciel

la pluie

le brouillard

l'éclair

la neige

la rosée

le vent

la brume

l'arc-en-ciel

le givre

Les saisons

le printemps

l'été

l'automne

l'hiver

Les animaux familiers

le hamster

la vétérinaire

le cochon d'Inde

la niche

le chiot

le chien

la perruche

la nourriture

le perroquet

le bec

le lapin

le canari

la cage

le chat

le panier

la souris

le chaton

le lait

les poissons rouges

49

Les sports

le basket

l'aviron

la voile

la planche à voile

le surf de neige

la raquette

le tennis

le football américain

la gymnastique

le cricket

le karaté

la batte
la balle

la canne à pêche

la pêche

l'appât

le rugby

la danse

le base-ball

le plongeon

la piscine

la natation

la course

50

le tir à l'arc

la cible

le deltaplane

le jogging

le casque

le cyclisme

l'escalade

le judo

le cheval

le poney

le placard

le football

l'équitation

le vestiaire

le badminton

le tennis de table

les patins à glace

le patinage

le bâton

le télésiège

les skis

le ski

le sumo

Les couleurs

marron — noir — orange — vert

blanc — bleu — rose — gris — violet — rouge — jaune

Les formes

le losange

le cône

le rectangle

le cercle

l'étoile

le cube

l'ovale

le triangle

le carré

le croissant

52

Les nombres

1 un
2 deux
3 trois
4 quatre
5 cinq
6 six
7 sept
8 huit
9 neuf
10 dix
11 onze
12 douze
13 treize
14 quatorze
15 quinze
16 seize
17 dix-sept
18 dix-huit
19 dix-neuf
20 vingt

53

La fête foraine

la grande roue

le manège

le paillasson

le toboggan géant

les anneaux

le train fantôme

le pop-corn

les montagnes russes

le tir à la carabine

les autos tamponneuses

la barbe à papa

54

Le cirque

- le funambule
- la perche
- le trapèze
- le fil
- l'échelle de corde
- le cycliste acrobate
- le filet
- le lapin
- les acrobates
- le dresseur
- le chien
- le cerceau
- le haut-de-forme
- le jongleur
- le nœud papillon
- l'orchestre
- l'écuyère
- le clown

55

Word list

In this list, you can find all the French words in this book. They are listed in alphabetical order. Next to each one, you can see its pronunciation (how to say it) in letters *like this*, and then its English translation.

Remember that French nouns (words for things) are either masculine or feminine (see page 3). In the list, each one has **le**, **la**, **l'** or **les** in front of it. These all mean "the". The words with **le** are masculine, those with **la** are feminine.

French nouns that begin with "a", "e", "i", "o" or "u", and many that begin with "h", have **l'** in front of them. At the end, you will see **(m)** or **(f)** to show if the word is masculine or feminine. Plural nouns (a noun is plural if you are talking about more than one, for example "cats") have **les** in front. These are also followed by **(m)** or **(f)**.

About French pronunciation
Read the pronunciation guide as if it were an English word, but try to remember the following points about how French words are said:

- the French **j** is said like the "s" in "treasure"
- when you see (n) or (m) in a pronunciation, you should barely say the "n" or "m"; say the letter that is before it through your nose, as if you had a cold
- the French **r** is made at the back of the throat and sounds a little like gargling
- the French **u** is not like any sound in English. It is a little like a cross between the "ew" of "few" and the "oo" of "food". To say it, round your lips to say "oo", then try to say "ee"; the pronunciation guide uses the letters "ew" to show this sound.

A

l'abeille (f)	*labbay*	bee
l'abricot (m)	*labreekoh*	apricot
acheter	*a-shuh-tai*	to buy
l'acrobate (m/f)	*la-kro-bat*	acrobat (man/woman)
l'acteur (m)	*lak-ter*	actor
l'action (f)	*lak-see-o(n)*	action
l'actrice (f)	*lak-treess*	actress
l'aéroport (m)	*la-ai-roh-por*	airport
l'agent de police (m)	*la-jo(n) duh poleess*	policeman
les agneaux (m)	*laiz an-yoh*	lambs
l'aigle (m)	*laigl*	eagle
l'aile (f)	*lail*	wing
les algues (f)	*laiz alg*	seaweed
les allumettes (f)	*laiz allewmett*	matches
l'alphabet (m)	*lalfa-bai*	alphabet
l'ambulance (f)	*lo(m)bewla(n)ss*	ambulance
l'ampoule (f)	*lo(m)pool*	(light) bulb
les animaux familiers (m)	*laiz anneemoh fammeel-yai*	pets
l'ananas (m)	*lan-na-na*	pineapple
l'âne (m)	*lan*	donkey
les anneaux (m)	*laiz annoh*	hoop-la
l'anniversaire (m)	*lannee-vair-sair*	birthday
l'antenne de télévision (f)	*lo(n)tenn duh tailaiveez-yo(n)*	TV aerial
l'appareil photo (m)	*lappa-ray fotoh*	camera
l'appât (m)	*lappa*	bait
l'appentis (m)	*la-po(n)tee*	shed
l'aquarium (m)	*lakwaree-om*	aquarium
l'araignée (f)	*la-renn-yai*	spider
l'arbre (m)	*lar-br*	tree
les arbres (m)	*laiz ar-br*	trees
l'arc (m)	*lark*	bow
l'arc-en-ciel (m)	*lark o(n) see-ell*	rainbow
l'argent (m)	*lar-jo(n)*	money
l'armoire (f)	*lar-mwar*	cupboard
l'arrosoir (m)	*la-rozwar*	watering can
l'artiste (m/f)	*lar-teest*	artist (man/woman)
l'ascenseur (m)	*lasso(n)-ser*	lift
l'aspirateur (m)	*lass-peera-ter*	vacuum cleaner
les assiettes (f)	*laiz assee-yett*	plates
l'astronaute (m/f)	*lass-troh-noht*	astronaut (man/woman)
les astronautes (m/f)	*laiz ass-troh-noht*	spacemen
l'atelier (m)	*lattuh-lee-yai*	workshop
attendre	*atto(n)dr*	to wait
attraper	*attra-pai*	to catch
l'autobus (m)	*lohto-bewss*	bus
l'automne (m)	*loh-tonn*	autumn
les autos tamponneuses (f)	*laiz ohtoh to(m)ponnuhz*	dodgems
l'autruche (f)	*loh-trewsh*	ostrich
l'avion (m)	*lav-yo(n)*	plane

B

le bac à sable	*luh bak a sabl*	sandpit
le badge	*luh badj*	badge
le badminton	*luh bad-meen-ton*	badminton
la bague	*la bag*	ring
les baguettes	*lai baggett*	chopsticks
la baignoire	*la bai-nwar*	bath
le balai	*luh ballai*	broom
le balai à franges	*luh ballai a fro(n)j*	mop
la balance	*la ballo(n)ss*	scales
la balançoire	*la ballo(n)-swar*	seesaw
les balançoires (f)	*lai ballo(n)-swar*	swings
balayer	*ballai-yai*	to sweep
la baleine	*la ballenn*	whale
la balle	*la bal*	ball (small)
le ballon	*luh ballo(n)*	ball (large), balloon
la banane	*la bannan*	banana
le banc	*luh bo(n)*	bench
la bande	*la bon(n)d*	bandage
la barbe à papa	*la bar-ba pappa*	candy floss
la barque	*la bar-rk*	rowing boat
la barrière	*la bar-yair*	gate
bas	*ba*	low
le bas	*luh ba*	bottom (not top)
le base-ball	*luh baiz-boll*	baseball
le basket	*luh bass-kett*	basketball
le bateau	*luh battoh*	boat

56

le bateau à voiles	luh battoh a vwal	sailing boat
le bateau de pêche	luh battoh duh pesh	fishing boat
les bâtons (m)	lai batto(n)	sticks
le bâton (de ski)	luh batto(n) (duh skee)	ski pole
les bâtons de maquillage (m)	lai batto(n) duh makee-yaj	face paints
la batte	la batt	bat
la batterie	la batt-uhree	battery
la BD	la bai-dai	comic book
beaucoup	boh-koo	many
le bébé	luh baibai	baby
le bec	luh bek	beak
la bêche	la baish	shovel
les béquilles (f)	lai bekee-yuh	crutches
le berger	luh bair-jai	shepherd
la bergère	la bair-jair	shepherdess
le beurre	luh burr	butter
la bicyclette	la bee-seeklett	bicycle
bien	bee-ya(n)	good
les billes (f)	lai bee-yuh	marbles
la billetterie	la bee-yett-uhree	ticket machine
la binette	la beennett	hoe
le biscuit	luh beess-kwee	biscuit
le bison	luh beezo(n)	bison
le blaireau	luh blai-roh	badger
blanc	blo(n)	white
bleu	bluh	blue
le blouson	luh bloo-zo(n)	jacket
les bocaux (m)	lai bokkoh	jars
boire	bwar	to drink
le bois	luh bwa	wood
les bois	lay bwa	antlers
la boîte	la bwatt	box
la boîte à outils	la bwatt a ootee	tool box
les boîtes de conserve (f)	lai bwatt duh ko(n)sairv	tins (of food)
la boîte de peinture	la bwatt duh pa(n)tewr	paintbox
les bols (m)	lai bol	bowls
le bonbon	luh bo(n)bo(n)	sweet
les bottes (f)	lai bott	boots (to wear)
les bottes de paille (f)	lai bott duh pie	straw bales
la bouche	la boosh	mouth
le boucher	luh booshai	butcher (man)
la bouchère	la booshair	butcher (woman)
la boucle	la bookl	buckle
la boue	la boo	mud
la bougie	la boo-jee	candle
la bouilloire	la booy-war	kettle
le boulanger	luh boolo(n)-jai	baker (man)
la boulangère	la boolo(n)-jair	baker (woman)
les boulons (m)	lai boolo(n)	bolts
les bouteilles (f)	lai boo-tay	bottles
le bouton	luh booto(n)	button
les boutonnières (f)	lai boo-ton-yair	button holes
le bras	luh bra	arm
les briques (f)	lai breek	bricks
la brosse	la bross	brush
la brosse à cheveux	la bross a shuh-vuh	hairbrush
la brosse à dents	la bross a do(n)	toothbrush
la brouette	la broo-ett	wheelbarrow
le brouillard	luh broo-yar	fog
la brume	la brewm	mist
le buisson	luh bwee-so(n)	bush
le bulldozer	luh bewl-doh-zair	digger
le bureau	luh bew-roh	desk

C

le caddie	luh kaddee	trolley
les cadeaux (m)	lai kaddoh	presents
le café	luh kaffai	café, coffee
la cage	la kaj	cage
le cahier	luh ka-yai	notebook
la caisse	la kess	checkout
le calcul	luh kal-kewl	sums
le calendrier	luh kallo(n)-dree-yai	calendar
le camion	luh kam-yo(n)	lorry
le camion de pompiers	luh kam-yo(n) duh po(m)p-yai	fire engine
le camion-citerne	luh kam-yo(n) seetairn	tanker (lorry)
la camionnette	la kam-yonnett	van
la campagne	la ko(m)-pan-yuh	countryside
le canal	luh kannal	canal
le canapé	luh kannapai	sofa
les canards (m)	lai kannar	ducks
le canari	luh kannaree	canary
les canetons (m)	lai kan-to(n)	ducklings
le canif	luh kanneef	penknife
la canne	la kan	walking stick
la canne à pêche	la kanna pesh	fishing rod
le canot à moteur	luh kannoh a motter	motorboat
le capot	luk kappo	bonnet (of a car)
la caravane	la ka-ra-van	caravan
la carotte	la ka-rot	carrot
le carré	luh karrai	square
les carreaux (m)	lai karro	tiles
la carte	la kart	map
la carte d'anniversaire	la kart dannee-vair-sair	birthday card
les cartes (f)	lai kart	cards
la cascade	la kass-kad	waterfall
le casque	luh kask	helmet
la casquette	la kass-kett	cap
casser	kassai	to break
les casseroles (f)	lai kass-rol	saucepans
la cassette	la kassett	cassette
la cassette vidéo	la kassett veedai-o	video cassette
le castor	luh kass-tor	beaver
le CD	luh sai-dai	CD
la ceinture	la sa(n)tewr	belt
le céleri	luh sell-ree	celery
le cerceau	luh sair-soh	hoop
le cercle	luh sairkl	circle
les céréales (f)	lai sai-rai-al	cereal
le cerf	luh sair	deer
le cerf-volant	luh sair vollo(n)	kite
la cerise	la suh-reez	cherry
la chaise	la shaiz	chair
la chambre	la sho(m)br	bedroom
le champ	luh sho(m)	field
le champignon	luh sho(m)peen-yo(n)	mushroom
chanter	sho(n)tai	to sing
le chanteur	luh sho(n)-ter	singer (man)
la chanteuse	la sho(n)-terz	singer (woman)
le chapeau	luh shappo	hat
le chapeau de paille	luh shappo duh pie	straw hat
la charrette	la sharrett	trolley

57

la charrue	la sharrew	plough
le chat	luh sha	cat
le château de sable	luh shatto duh sabl	sandcastle
le château fort	luh shatto for	castle
le chaton	luh shatto(n)	kitten
chaud	shoh	hot
le chauffeur de camion	luh shoffer duh kam-yo(n)	lorry driver (man/woman)
les chaussettes (f)	lai shossett	socks
les chaussures (f)	lai shossewr	shoes
la chauve-souris	la shohv-sooree	bat
le chemin	luh shuh-ma(n)	path
la cheminée	la shuh-meenai	chimney
la chemise	la shuh-meez	shirt
la chemise de nuit	la shuh-meez duh nwee	nightdress
la chenille	la shuh-nee-yuh	caterpillar
le cheval	luh shuh-val	horse
le cheval à bascule	luh shuh-val a baskewl	rocking horse
les cheveux (m)	lai shuh-vuh	hair
la chèvre	la shaivr	goat
le chien	luh shee-a(n)	dog
le chien de berger	luh shee-a(n) duh bair-jai	sheepdog
le chiffon	luh shee-fo(n)	duster
le chiot	luh shee-o	puppy
les chips (m)	lai sheeps	crisps
le chocolat	luh sho-ko-la	chocolate
le chocolat chaud	luh sho-ko-la shoh	hot chocolate
le chou	luh shoo	cabbage
le chou-fleur	luh shoo-fler	cauliflower
la cible	la seebl	target
le ciel	luh see-ell	sky
le cinéma	luh seenaima	cinema
cinq	sank	five
le cirque	luh seerk	circus
les ciseaux (m)	lai seezoh	scissors
le citron	luh seetro(n)	lemon
la citrouille	la seetroo-yuh	pumpkin
clair	klair	light (not dark)
la clé	la klai	key
la clef	la klai	key, spanner
la clémentine	la klemmo(n)-teen	clementine
la clôture	la kloh-tewr	fence
le clown	luh kloon	clown
les clous (m)	lai kloo	nails
la coccinelle	la kok-see-nell	ladybird
les cochons (m)	lai ko-sho(n)	pigs
le cochon d'Inde	luh ko-sho(n) da(n)d	guinea pig
le coffre	luh kofr	boot (of a car)
le coiffeur	luh kwa-fer	hairdresser (man)
la coiffeuse	la kwa-ferz	hairdresser (woman)
le collant	luh ko-lo(n)	tights
la colle	la kol	glue
le collier	luh kol-yai	necklace
la colline	la kolleen	hill
la commode	la ko-mod	chest of drawers
les comprimés (m)	lai ko(m)pree-mai	pills
le concombre	luh ko(n)-ko(m)br	cucumber
le conducteur d'autobus	luh ko(n)-dewkter doh-toh-bewss	bus driver (man)
la conductrice d'autobus	la ko(n)-dewk-treess doh-toh-bewss	bus driver (woman)
le cône	luh koan	cone
la confiture	la ko(n)fee-tewr	jam
les contraires (m)	lai ko(n)trair	opposites
le contrôleur	luh ko(n)troh-ler	ticket inspector (man)
la contrôleuse	la ko(n)troh-lerz	ticket inspector (woman)
les copeaux (m)	lai koppoh	(wood) shavings
le coq	luh kok	cockerel
le coquillage	luh ko-kee-yaj	shell
la corbeille à papier	la kor-bay a pap-yai	wastepaper bin
la corde	la kord	rope
la corde à sauter	la kord a sohtai	skipping rope
le coton	luh ko-to(n)	cotton
le cou	luh koo	neck
la couche	la koosh	nappy
le coude	luh kood	elbow
coudre	koodr	to sew
la couette	la koo-ett	duvet
les couleurs (f)	lai koo-ler	colours
couper	koo-pai	to cut, to chop
la cour de récréation	la koor duh rekrai-ass-yo(n)	playground
courir	kooreer	to run
la course	la koorss	race
court	koor	short
le cousin	luh kooza(n)	cousin (boy)
la cousine	la koozeen	cousin (girl)
le coussin	luh koo-sa(n)	cushion
les couteaux (m)	lai koo-toh	knives
le crabe	luh krab	crab
la craie	la krai	chalk
le crapaud	luh kra-poh	toad
la cravate	la kra-vatt	tie
le crayon	luh krai-yo(n)	pencil
les crayons cire (m)	lai krai-yo(n) seer	crayons
la crème	la krem	cream
les crêpes (f)	lai krep	pancakes
creuser	kruh-zai	to dig
le cricket	luh kree-ket	cricket (sport)
le crocodile	luh kro-ko-deel	crocodile
le croissant	luh krwa-so(n)	crescent
le cube	luh kewb	cube
les cubes (m)	lai kewb	bricks
cueillir	kuh-yeer	to pick
les cuillères en bois (f)	lai kwee-yair o(n) bwa	wooden spoons
la cuisine	la kwee-zeen	kitchen
le cuisinier	luh kwee-zeen-yai	cook (man)
la cuisinière	la kwee-zeen-yair	cooker, cook (woman)
le cyclisme	luh see-kleessm	cycling
le/la cycliste acrobate (m/f)	luh/la see-kleest akro-bat	trick cyclist (man/woman)
les cygnes (m)	lai seen-yuh	swans

D

la dame	la dam	woman, lady
la danse	la do(n)ss	dance
danser	do(n)sai	to dance
le danseur	luh do(n)-ser	dancer (man)
la danseuse	la do(n)-serz	dancer (woman)
le dauphin	luh doh-fa(n)	dolphin
dedans	duhdo(n)	inside
les déguisements (m)	lai dai-guee-zuh-mo(n)	fancy dress
dehors	duh-or	outside

le déjeuner	dai-juh-nai	lunch
le deltaplane	luh delta-plan	hang gliding
la demoiselle d'honneur	la duh-mwa-zel do-ner	bridesmaid
le dentifrice	luh do(n)tee-freess	toothpaste
le/la dentiste (m/f)	luh/la do(n)teest	dentist (man/woman)
les dents (f)	lai do(n)	teeth
la dépanneuse	la depannerz	breakdown lorry
le déplantoir	luh deplo(n)-twar	trowel
dernier	dairn-yai	last
le derrière	luh dair-yair	bottom (of body)
les dés (m)	lai dai	dice
la descente de lit	la desso(n)t duh lee	rug
le dessert	luh dessair	pudding
le dessin	luh dessa(n)	drawing
deux	duh	two
devant	duhvo(n)	front
difficile	dee-fee-seel	difficult
dimanche (m)	dee-mo(n)sh	Sunday
les dindons (m)	lai da(n)-do(n)	turkeys
le dîner	luh deenai	dinner (evening meal)
dix	deess	ten
dix-huit	deez-weet	eighteen
dix-neuf	deez-nerf	nineteen
dix-sept	deessett	seventeen
le docteur	luh dokter	doctor
les doigts (m)	lai dwa	fingers
les doigts de pied (m)	lai dwa duh p-yai	toes
dormir	dor-meer	to sleep
le dos	luh doh	back (of body)
la douche	la doosh	shower
douze	dooz	twelve
le drap	luh dra	sheet
le drapeau	luh dra-poh	flag
le dresseur	luh dress-er	ring master
à droite	a drwat	(on/to the) right
le dromadaire	luh dromma-dair	camel
dur	dewr	hard

E

l'eau (f)	loh	water
l'écharpe (f)	laisharp	scarf
l'échelle (f)	laishell	ladder
l'échelle de corde (f)	laishell duh kord	rope ladder
l'éclair (m)	lai-klair	lightning
l'écluse (f)	lai-klewz	lock (on canal)
l'école (f)	lai-koll	school
écouter	aikootai	to listen
écrire	aikreer	to write
les écrous (m)	laiz aikroo	nuts (nuts and bolts)
l'écureuil (m)	laikew-ruh-yuh	squirrel
l'écurie (f)	laikew-ree	stable
l'écuyer (m)	laikweeyai	(bareback) rider (man)
l'écuyère (f)	laikweeyair	(bareback) rider (woman)
l'éléphant (m)	lailaifo(n)	elephant
en bas	o(n) ba	downstairs
les enfants (m/f)	laiz o(n)fo(n)	children
en haut	o(n) oh	upstairs
l'entrée (f)	lo(n)trai	hall
l'éolienne (f)	lai-ol-yen	windmill
les épaules (f)	laiz ai-pohl	shoulders
les épinards (m)	laiz aipeenar	spinach
l'éponge (f)	laipo(n)j	sponge
l'épouvantail (m)	laipoo-vo(n)-tie	scarecrow
l'équitation (f)	laikeetass-yo(n)	riding
l'escalade (f)	leska-lad	climbing
l'escalier (m)	leskal-yai	stairs, staircase
l'escargot (m)	leskar-goh	snail
l'espace (m)	lespass	space
l'essence (f)	lesso(n)ss	petrol
l'étable (f)	laita-bl	cowshed
l'établi (m)	laita-blee	workbench
l'étau (m)	laittoh	vice
l'été (m)	laittai	summer
l'étoile (f)	laitwal	star
l'étoile de mer (f)	laitwal duh mair	starfish
être assis	aitr assee	to sit
l'évier (m)	laiv-yai	sink

F

facile	fa-seel	easy
le facteur	luh fakter	postman
la factrice	la faktreess	postwoman
faire	fair	to make
faire la cuisine	fair la kwee-zeen	to cook
la falaise	la fa-laiz	cliff
la famille	la fa-mee-yuh	family
la farine	la fa-reen	flour
le fauteuil roulant	luh fohtuh-yuh roolo(n)	wheelchair
la femme	la fam	woman, wife
la fenêtre	la fuh-naitr	window
le fer à repasser	luh fair a ruhpassai	iron
la ferme	la fairm	farm, farmhouse
fermé	fairmai	closed
la fermeture éclair	la fairmuh-tewr aiklair	zip
le fermier	luh fairm-yai	farmer (man)
la fermière	la fairm-yair	farmer (woman)
la fête	la fett	party
la fête foraine	la fett forenn	fair, fairground
le feu	luh fuh	fire
le feu de signalisation	luh fuh duh seen-ya-lee-zasseeo(n)	traffic lights
les feuilles (f)	lai fuh-yuh	leaves
les feutres (m)	lai fuh-tr	felt-tips
les feux d'artifice (m)	lai fuh da-rtee-feess	fireworks
les feux de signalisation (m)	lai fuh duh seen-ya-lee-zasseeo(n)	railway signals
la ficelle	la fee-sell	string
la figure	la fee-gewr	face
le fil	luh feel	wire
le filet	luh fee-lai	net
la fille	la fee-yuh	girl, daughter
le fils	luh feess	son
la flaque d'eau	la flak doh	puddle
les flèches (f)	lai flesh	arrows
les fleurs (f)	lai fler	flowers
la flûte	la flewt	flute
le foin	luh fwa(n)	hay
le football	luh foot-bol	football
le football américain	luh foot-bol a-maireeka(n)	American football
la forêt	la forrai	forest
les formes (f)	lai form	shapes
la fourche	la foorsh	garden fork

59

les fourchettes (f)	lai foorshett	forks
la fraise	la fraiz	strawberry
la framboise	la fro(m)-bwaz	raspberry
le frère	luh frair	brother
les frites (f)	lai freet	chips
froid	frwa	cold
le fromage	luh frommaj	cheese
les fruits (m)	lai frwee	fruit
la fumée	la few-mai	smoke
le/la funambule (m/f)	luh/la few-no(m)-bewl	tightrope walker (man/woman)
la fusée	la few-zai	rocket
le fusil	luh fewzee	gun

G

les galets (m)	lai gallai	pebbles
les gants (m)	lai go(n)	gloves
le garage	luh ga-raj	garage
le garçon	luh gar-so(n)	boy
la gare	la gar	station
le gâteau	luh ga-toh	cake
le gâteau d'anniversaire	luh ga-toh dannee-vair-sair	birthday cake
à gauche	a gohsh	(on/to) the left
le genou	luh juh-noo	knee
les gens (m/f)	lai jo(n)	people
le gilet	luh jee-lai	cardigan
la girafe	la jee-raf	giraffe
le givre	luh jeevr	frost
la glace	la glahss	ice cream
la gomme	la gom	rubber
le gorille	luh goree-yuh	gorilla
les graines (f)	lai grenn	seeds
grand	gro(n)	big
la grand-mère	la gro(n)-mair	grandmother
le grand-père	luh gro(n)-pair	grandfather
la grande roue	la gro(n)d roo	big wheel
la grange	la gro(n)j	barn
le grenier	luh gruhn-yai	attic
la grenouille	la gruh-noo-yuh	frog
grimper	gra(m)pai	to climb
gris	gree	grey
gros	groh	fat
la grue	la grew	crane
la guêpe	la gep	wasp
la guirlande	la geer-lo(n)d	paper chains
la guitare	la gee-tarr	guitar
la gymnastique	la jeem-nasteek	gym

H

la hache	la ash	axe
la haie	la ai	hedge
le hamburger	luh a(m)boor-ger	hamburger
le hamster	luh am-stair	hamster
les haricots (m)	laiz aree-koh	beans
l'harmonica (m)	larmoneeka	mouth organ
haut	oh	high
le haut	luh oh	top
le haut-de-forme	luh oh duh form	top hat
l'hélicoptère (m)	lellee-koptair	helicopter
l'herbe (f)	lairb	grass
le hérisson	luh airee-so(n)	hedgehog
le hibou	luh eeboo	owl
l'hippopotame (m)	leepo-pottam	hippopotamus
l'hiver (m)	lee-vair	winter
l'homme-grenouille (m)	lom gruhnoo-yuh	frogman
l'hôpital (m)	loh-peetal	hospital
l'hôtel (m)	loh-tell	hotel
l'hôtesse de l'air (f)	lohtess duh lair	stewardess
l'huile (f)	lweel	oil
huit	weet	eight

I

l'île (f)	leel	island
l'immeuble (m)	lee-merbl	flats (building)
l'infirmier (m)	la(n)feerm-yai	nurse (man)
l'infirmière (f)	la(n)feerm-yair	nurse (woman)
l'instituteur (m)	la(n)stee-tewter	teacher (man)
l'institutrice (f)	la(n)stee-tewtreess	teacher (woman)
l'interrupteur (m)	la(n)terrewp-ter	switch

J

la jambe	la jo(m)b	leg
le jambon	luh jo(m)bo(n)	ham
le jardin	luh jarda(n)	garden
le jardin public	luh jarda(n) pewbleek	park
jaune	joan	yellow
le jean	luh djeen	jeans
jeudi (m)	juhdee	Thursday
le jogging	luh djogeeng	jogging
le jongleur	luh jo(n)gl-er	juggler (man)
la jongleuse	la jo(n)glerz	juggler (woman)
la joue	la joo	cheek
jouer	joo-ai	to play
les jouets (m)	lai joo-ai	toys
le journal	luh joor-nal	newspaper
le jour	le joor	day
les jours de fête (m)	lai joor duh fet	(public) holidays, special days
le jour du mariage	luh joor dew marree-aj	wedding day
le judo	luh jew-doh	judo
le juge	luh jewj	judge (man/woman)
la jupe	la jewp	skirt
le jus de fruits	luh jew duh frwee	fruit juice

K

le kangourou	luh ko(n)-gooroo	kangaroo
le karaté	luh karatai	karate
le kayak	luh kayak	canoe
le ketchup	luh ketchup	ketchup

L

le lac	luh lak	lake
le lacet	luh lassai	shoelace
la laisse	la less	lead
le lait	luh lai	milk
la laitue	la laitew	lettuce
le lampadaire	luh lo(m)pa-dair	street light
la lampe	la lo(m)p	lamp
lancer	lo(n)sai	to throw
le landau	luh lo(n)doh	pram
la langue	la lo(n)g	tongue
le lapin	luh la-pa(n)	rabbit
le lavabo	luh lava-boh	washbasin
le lavage-auto	luh lavaj-otoh	car wash
le lave-linge	luh lav-la(n)j	washing machine
le légume	luh laigewm	vegetable
lent	lo(n)	slow
le léopard	luh lai-oh-par	leopard
les lettres (f)	lai letr	letters
les lèvres (f)	lai levr	lips

le lézard	luh laizar	lizard
la lime	la leem	file
le lion	luh lee-o(n)	lion
les lionceaux (m)	lai lee-o(n)soh	lion cubs
lire	leer	to read
le lit	luh lee	bed
les livres (m)	lai leevr	books
la locomotive	la lo-ko-moteev	(train) engine
loin	lwa(n)	far
long	lo(n)	long
le losange	luh lo-zo(n)j	diamond
le loup	luh loo	wolf
lundi (m)	lu(n)dee	Monday
la lune	la lewn	moon

M

le magasin	luh magga-za(n)	shop
le magasin de jouets	luh magga-za(n) duh joo-ai	toyshop
maigre	maigr	thin
le maillot de bain	luh ma-yo duh ba(n)	swimsuit
le maillot de corps	luh ma-yo duh kor	vest
la main	la ma(n)	hand
la maison	la mai-zo(n)	house
la maison de poupée	la mai-zo(n) duh poopai	doll's house
mal	mal	bad
le manchot	luh mo(n)-shoh	penguin
le manège	luh man-aij	roundabout
manger	mo(n)jai	to eat
le manteau	luh mo(n)toh	coat
la mappemonde	la map-mo(n)d	globe
le marché	luh mar-shai	market
marcher	mar-shai	to walk
les marches (f)	lai ma-rsh	steps
la mare	la mar	pond
mardi (m)	mar-dee	Tuesday
le mari	luh ma-ree	husband
le marié	luh ma-ree-ai	bridegroom
la mariée	la ma-ree-ai	bride
le marin	luh ma-ra(n)	sailor
les marionnettes (f)	lai ma-ree-onett	puppets
marron	ma-ro(n)	brown
le marteau	luh ma-rtoh	hammer
le marteau piqueur	luh ma-rtoh pee-ker	drill
les masques (m)	lai massk	masks
le matin	luh ma-ta(n)	morning
le mécanicien	luh mekka-neess-ya(n)	mechanic, train driver (man)
la mécanicienne	la mekka-neess-yen	mechanic, train driver (woman)
le médicament	luh meddee-kahmo(n)	medicine
le melon	luh muhlo(n)	melon
le menton	luh mo(n)to(n)	chin
le menuisier	luh muhn-weez-yai	carpenter
la mer	la mair	sea
mercredi (m)	mair-kruh-dee	Wednesday
la mère	la mair	mother
le mètre	luh maitr	tape measure
la meule de foin	la merl duh fwa(n)	haystack
le miel	luh mee-ell	honey
le miroir	luh meer-wahr	mirror
moi	mwa	me
le monsieur	luh muhss-yuh	man
la montagne	la mo(n)-tan-yuh	mountain
les montagnes russes (f)	lai mo(n)-tan-yuh rewss	big dipper
la montgolfière	la mo(n)golf-yair	hot-air balloon
la montre	la mo(n)tr	watch
la moquette	la mo-kett	carpet
les morceaux de bois (m)	lai mor-soh duh bwa	wood
mort	mor	dead
le moteur	luh moh-ter	engine
la moto	la mohtoh	motorcycle
mou	moo	soft
la mouche	la moosh	fly
le mouchoir	luh moosh-wahr	handkerchief
les mouchoirs en papier (m)	lai moosh-wahr o(n) pap-yai	tissues
mouillé	moo-yai	wet
la mouette	la moo-ett	seagull
les moutons (m)	lai moo-to(n)	sheep
le mur	luh mewr	wall

N

la nappe	la nap	tablecloth
la natation	la na-tass-yo(n)	swimming
le navire	luh na-veer	ship
la neige	la naij	snow
neuf	nerf	new, nine
le nez	luh nai	nose
la niche	la neesh	kennel
le nid	luh nee	nest
Noël	no-ell	Christmas
le nœud papillon	luh nuh papee-yo(n)	bow tie
noir	nwar	black
le nombre	luh no(m)br	number
la nourriture	la nooree-tewr	food
les nuages (m)	lai new-aj	clouds
la nuit	la nwee	night

O

l'œil (m)	ler-yuh	eye
l'œuf (m)	lerf	egg
l'œuf à la coque (m)	lerf alla kok	boiled egg
l'œuf au plat (m)	lerf oh pla	fried egg
les oies (f)	lai wa	geese
l'oignon (m)	lonn-yo(n)	onion
les oiseaux (m)	laiz wa-zoh	birds
l'omelette (f)	lom-let	omelette
l'oncle (m)	lo(n)kl	uncle
onze	o(n)z	eleven
orange	oro(n)j	orange (colour)
l'orange (f)	loro(n)j	orange (fruit)
l'orchestre (m)	lor-kestr	orchestra
l'ordinateur (m)	lordee-na-ter	computer
les ordures (f)	laiz ordewr	rubbish
les oreilles (f)	laiz o-ray	ears
l'oreiller (m)	lorai-yai	pillow
l'os (m)	loss	bone
l'ours (m)	loorss	bear
l'ours blanc (m)	loorss blo(n)	polar bear
l'ours en peluche (m)	loorss o(n) puh-lewsh	teddy bear
ouvert	oovair	open
l'ovale (m)	lo-val	oval

61

P

la pagaie	la paggai	paddle
la paille	la pie	straw
le pain	luh pa(n)	bread
le pain grillé	luh pa(n) gree-yai	toast
le paillasson	luh pie-ya-so(n)	mat
la palissade	la pallee-sad	fence
les palmes (f)	lai palm	flippers
le pamplemousse	luh po(m)pl-mooss	grapefruit
le panda	luh po(n)-da	panda
le panier	luh pan-yai	basket
le pansement	luh po(n)s-mo(n)	bandage
le pantalon	luh po(n)-ta-lo(n)	trousers
les pantoufles (f)	lai po(n)toofl	slippers
le papier	luh pap-yai	paper
le papier de verre	luh pap-yai duh vair	sandpaper
le papier hygiénique	luh pap-yai ee-jyeneek	toilet paper
le papillon	luh pa-pee-yo(n)	butterfly
le papillon de nuit	luh pa-pee-yo(n) duh nwee	moth
le paquet de lessive	luh pa-kai duh lesseev	washing powder
le parachute	luh para-shewt	parachute
le parapluie	luh para-plwee	umbrella
le parasol	luh para-sol	beach umbrella
parler	par-lai	to talk
le passage pour piétons	luh pa-saj poor pee-ai-to(n)	crossing
la pâte à modeler	la pat a mo-duh-lai	playdough
le patinage	luh pa-tee-nahj	ice skating
les patins à glace (m)	lai pa-ta(n) a glas	ice skates
les pattes (f)	lai patt	paws
la pêche	la pesh	fishing
le pêcheur	luh pesh-er	fisherman
le peigne	luh penn-yuh	comb
peindre	pa(n)dr	to paint
le peintre	luh pa(n)tr	painter
le pélican	luh pelleeko(n)	pelican
la pelle	la pell	spade
la pelle à ordures	la pell a ordewr	dustpan
la pendule	la po(n)dewl	clock
la péniche	la penneesh	barge
penser	po(n)sai	to think
la perceuse	la pair-suhz	drill
la perche	la pairsh	pole
le père	luh pair	father
le père Noël	luh pair no-ell	Father Christmas
les perles (f)	lai pairl	beads
le perroquet	luh perrokai	parrot
la perruche	la perrewsh	budgerigar
petit	puh-tee	small
le petit déjeuner	luh puh-tee dai-juh-nai	breakfast
les petites cuillères (f)	lai puh-teet kwee-yair	teaspoons
les petits cochons (m)	lai puhtee kosho(n)	piglets
les petits pains (m)	lai puhtee pa(n)	bread rolls
les petits pois (m)	lai puh-tee pwa	peas
le pétrolier	luh petrol-yai	oil tanker (ship)
peu	puh	few
le phare	luh fahr	lighthouse
les phares (m)	lai fahr	headlights
le phoque	luh fok	seal
les photos (f)	lai fottoh	photographs
le/la photographe (m/f)	luh/la fottoh-graf	photographer (man/woman)
le piano	luh pee-anno	piano
le pied	luh pee-ai	foot
les pierres	lai pee-air	stones
le pigeon	luh pee-jo(n)	pigeon
le pilote	luh pee-lot	pilot
le pinceau	luh pa(n)-soh	paintbrush
le pique-nique	luh peek-neek	picnic
la piscine	la pee-seen	swimming pool
la piste	la peest	runway
la pizza	la peetza	pizza
le placard	luh pla-kahr	wardrobe
le plafond	luh pla-fo(n)	ceiling
la plage	la plaj	beach
la planche	la plo(n)sh	plank
la planche à repasser	la plo(n)sh a ruh-passai	ironing board
la planche à roulettes	la plo(n)sh a roollett	skateboard
la planche à voile	la plo(n)sh a vwal	windsurfing
le plancher	luh plo(n)shai	floor
la planète	la pla-nett	planet
la plante	la plo(n)t	plant
le plateau	luh pla-toh	tray
la plate-bande	la platt-bo(n)d	flower bed
le plâtre	luh platr	plaster
plein	pla(n)	full
pleurer	pler-rai	to cry
le plongeon	luh plo(n)-jo(n)	diving
la pluie	la plwee	rain
la plume	la plewm	feather
le pneu	luh p-nuh	tyre
les poches (f)	lai posh	pockets
la poêle	la pwal	frying pan
la poignée	la pwan-yai	door handle
la poire	la pwar	pear
le poireau	luh pwa-ro	leek
le poisson	luh pwa-so(n)	fish
les poissons rouges (m)	lai pwa-so(n) rooj	goldfish
la poitrine	la pwa-treen	chest (body)
le poivre	luh pwavr	pepper
la pomme	la pom	apple
les pommes de terre (f)	lai pom duh tair	potatoes
la pompe à essence	la po(m)pa esso(n)ss	petrol pump
le pompier	luh po(m)p-yai	fireman
le poney	luh ponnai	pony
le pont	luh po(n)	bridge
le pop-corn	luh pop-korn	popcorn
la porcherie	la por-shuh-ree	pigsty
la porte	la port	door
le portemanteau	luh port-mo(n)toh	peg (for clothes)
le porte-monnaie	luh port monnai	purse
porter	portai	to carry
les posters (m)	lai poss-tair	posters
le pot de peinture	luh po duh pa(n)tewr	paint pot
le poteau indicateur	luh po-toh a(n)deeka-ter	signpost
les pots (m)	lai po	jars
la poubelle	la poobell	dustbin
le pouce	luh pooss	thumb
le poulailler	luh poo-lie-yai	hen house
les poules (f)	lai pool	hens

le poulet	luh poolai	chicken
les poupées (f)	lai poo-pai	dolls
pousser	poossai	to push
la poussette	la poossett	pushchair
les poussins (m)	lai poossa(n)	chicks
premier	pruhm-yai	first
prendre	pro(n)dr	to take
près	prai	near
le printemps	luh pra(n)-to(m)	spring (season)
propre	propr	clean
la prune	la prewn	plum
le pull-over	luh pewllo-vair	jumper
les punaises (f)	lai pewnaiz	drawing pins
la purée	la pew-rai	mashed potatoes
le puzzle	luh puhzl	jigsaw
le pyjama	luh pee-jamma	pyjamas

Q

le quai	luh kai	platform
quatorze	ka-torz	fourteen
quatre	katr	four
la queue	la kuh	tail
quinze	ka(n)z	fifteen

R

le rabot	luh ra-bo	(shaving) plane
le radiateur	luh rad-yat-er	radiator
la radio	la rad-yo	radio
les rails (m)	lai rye	railway track
le raisin	luh raiza(n)	grapes
la rame	la ram	oar
ramper	ro(m)pai	to crawl
rapide	ra-peed	fast
la raquette	la ra-kett	racket
le râteau	luh ra-to	rake
le rectangle	luh rek-to(n)gl	rectangle
le réfrigérateur	luh rai-free-jaira-ter	fridge
regarder	ruh-ga-rdai	to watch, to look
la règle	la raigl	ruler
la remorque	la ruh-mork	trailer
le renard	luh ruh-nar	fox
les renardeaux (m)	lai ruh-nar-do	fox cubs
le renne	luh renn	reindeer
le requin	luh ruh-ka(n)	shark
le rhinocéros	luh reenno-saiross	rhinoceros
le rideau	luh ree-do	curtain
rire	reer	to laugh
la rivière	la reev-yair	river
le riz	luh ree	rice
la robe	la rob	dress
la robe de chambre	la rob duh sho(m)br	dressing gown
le robinet	luh robbee-nai	tap
le robot	luh robbo	robot
les rochers (m)	lai ro-shai	rocks
les rollers (m)	lai rollair	roller blades
les rondins (m)	lai ro(n)da(n)	logs
rose	roz	pink
la rosée	la ro-zai	dew
la roue	la roo	wheel
rouge	rooj	red
le rouleau compresseur	luh roo-loh ko(m)press-er	roller
la route	la root	road
le ruban	luh rewbo(n)	ribbon
la ruche	la rewsh	beehive
la rue	la rew	street
le rugby	luh rewg-bee	rugby
le ruisseau	luh rwee-soh	stream

S

le sable	luh sabl	sand
le sac	luh sak	bag, carrier bag
le sac à dos	luh sak a doh	backpack
le sac à main	luh sak a ma(n)	handbag
les saisons (f)	lai saizo(n)	seasons
la salade	la sa-lad	lettuce
sale	sal	dirty
la salle d'attente	la sal da-to(n)t	waiting room
la salle de bains	la sal duh ba(n)	bathroom
le salon	luh sa-lo(n)	living room
samedi (m)	sam-dee	Saturday
les sandales (f)	lai so(n)-dal	sandals
le sandwich	luh so(n)d-weech	sandwich
le sapin de Noël	luh sa-pa(n) duh no-ell	Christmas tree
la saucisse	la soh-seess	sausage
le saucisson	luh soh-see-so(n)	salami
sauter	soh-tai	to jump
sauter à la corde	soh-tai alla kord	to skip
le savon	luh sah-vo(n)	soap
la scie	la see	saw
la sciure	la see-ewr	sawdust
le seau	luh soh	bucket
se bagarrer	suh ba-garrai	to fight
sec	sek	dry
se cacher	suh ka-shai	to hide
seize	saiz	sixteen
le sel	luh sell	salt
se laver	suh la-vai	to wash
la selle	la sell	saddle
sept	sett	seven
la seringue	la suh-ra(n)g	syringe
le serpent	luh sair-po(n)	snake
la serre	la sair	greenhouse
le serveur	luh sair-ver	waiter
la serveuse	la sair-verz	waitress
la serviette	la sairv-yet	towel
le short	luh short	shorts
le sifflet	luh see-flai	whistle
le singe	luh sa(n)j	monkey
six	seess	six
le ski	luh skee	skiing
le ski nautique	luh skee nohteek	water skiing
les skis	lai skee	skis
le slip	luh sleep	pants
la sœur	la ser	sister
le soir	luh swar	evening
les soldats de plomb (m)	lai sol-da duh plo(m)	toy soldiers
le soleil	luh so-lay	sun
sombre	so(m)br	dark
les soucoupes (f)	lai soo-koop	saucers
souffler	soo-flai	to blow
la soupe	la soop	soup
le sourcil	luh soor-see	eyebrow
sourire	sooreer	to smile
la souris	la soo-ree	mouse
sous	soo	under
le sous-marin	luh soo-ma-ra(n)	submarine
les spaghetti (m)	lai spa-gettee	spaghetti
les sports (m)	lai spor	sport
le steward	luh stew-ard	air steward
le store	luh stor	(window) blind
le stylo à encre	luh stee-lo a o(n)kr	fountain pen

63

le sucre	luh sewkr	sugar
le sumo	luh sewmo	sumo wrestling
sur	sewr	on, over
le surf de neige	luh suhrf duh naij	snowboarding
le sweat-shirt	luh sweat-shirt	sweatshirt

T

la table	la tabl	table
le tableau	luh ta-bloh	plank
le tableau noir	luh ta-bloh nwar	blackboard
le tablier	luh ta-blee-ai	apron
le tabouret	luh ta-boo-rai	stool
les tambours (m)	lai to(m)-boor	drums
les tampons (m)	lai to(m)-po(n)	buffers
la tante	la to(n)t	aunt
les tasses (f)	lai tass	cups
la taupe	la tohp	mole
le taureau	luh toh-roh	bull
le taxi	luh ta-xee	taxi
le tee-shirt	luh tee-shirt	T-shirt
le téléphone	luh tai-lai-fon	telephone
le télescope	luh tai-lai-skop	telescope
le télésiège	luh tai-laiss-yaij	chairlift
la télévision	la tai-lai-veez-yo(n)	television
le temps	luh to(m)	weather
le tennis	luh tenneess	tennis
le tennis de table	luh tenneess duh tabl	table tennis
les tennis	lai tenneess	trainers
la tente	la to(n)t	aunt
la terre	la tair	earth
les têtards (m)	lai tai-tar	tadpoles
la tête	la tet	head
le thé	luh tai	tea
le thermomètre	luh tair-mo-metr	thermometer
le tigre	luh teegr	tiger
le tir à la carabine	luh teer alla ka-ra-been	rifle range
le tir à l'arc	luh teer a lark	archery
tirer	teerai	to pull
la tirelire	la teer-leer	money box
le tiroir	luh teerwar	drawer
le toboggan	luh to-bo-go(n)	slide
le tobaggan géant	luh to-bo-go(n) jai-o(n)	helter-skelter
la toile d'araignée	la twall da-renn-yai	cobweb
les toilettes (f)	lai twa-lett	toilet
le toit	luh twa	roof
la tomate	la to-mat	tomato
tomber	to(m)-bai	to fall
la tondeuse	la to(n)-derz	lawn mower
le tonneau	luh tonnoh	barrel
le torchon	luh tor-shon	tea towel
la tortue	la tor-tew	tortoise
la tour de contrôle	la toor duh ko(n)trohl	control tower
le tournevis	luh toor-nuh-veess	screwdriver
le tourniquet	luh toor-neekai	sprinkler
le tracteur	luh trak-ter	train
le train	luh tra(n)	train
le train de marchandises	luh tra(n) duh mar-sho(n)-deez	goods train
le train électrique	luh tra(n) ellek-treek	train set
le traîneau	luh trai-noh	sleigh
le train fantôme	luh tra(n) fo(n)tohm	ghost train
le transat	luh tro(n)-zat	deck chair
le trapèze	luh tra-pez	trapeze
treize	trez	thirteen
le triangle	luh tree-o(n)gl	triangle
le tricycle	luh tree-seekl	tricycle
tricoter	tree-kottai	to knit
trois	trwa	three
la trompe	la tro(m)p	trunk
la trompette	la tro(m)-pet	trumpet
le trottoir	luh tro-twar	pavement
le trou	luh troo	hole
le tunnel	luh tew-nell	tunnel
les tuyaux (m)	lai twee-yoh	pipes
le tuyau d'arrosage	luh twee-yoh da-ro-zaj	hose

U

un	u(n)	one
l'usine (f)	lew-zeen	factory

V

les vacances (f)	lai va-ko(n)ss	holiday
la vache	la vash	cow
les vagues (f)	lai vag	waves
le vaisseau spatial	luh vai-soh spa-see-al	spaceship
la valise	la va-leez	suitcase
le veau	luh voh	calf
vendredi	vo(n)-druh-dee	Friday
le vent	luh vo(n)	wind
le ventre	luh vo(n)tr	tummy
le ver de terre	luh vair duh tair	worm
le verger	luh vair-jai	orchard
les verres (m)	lai vair	glasses
vert	vair	green
le vestiaire	luh vest-yair	changing room
les vêtements (m)	lai vet-mo(n)	clothes
le/la vétérinaire (m/f)	luh/la vai-tairee-nair	vet (man/woman)
la viande	la vee-o(n)d	meat
vide	veed	empty
vieux	vee-yuh	old
violet	vee-olai	purple
le village	luh vee-laj	village, town
vingt	va(n)	twenty
les vis (f)	lai veess	screws
vivant	vee-vo(n)	alive
la voile	la vwal	sailing
la voiture	la vwa-tewr	car
la voiture de course	la vwa-tewr duh koorss	racing car
la voiture de police	la vwa-tewr duh po-leess	police car
le voyage	luh vwa-yaj	journey, travel

W

les wagons (m)	lai va-go(n)	railway carriages

Y

le yaourt	luh ya-oort	yoghurt

Z

le zèbre	luh zebr	zebra
le zoo	luh zo-o	zoo

USBORNE STICKER DICTIONARY IN FRENCH

This book belongs to

....

....

How to complete your sticker dictionary

In the First Thousand Words pack, you will find eight pages of stickers for this dictionary.

First, find the picture sticker that matches the word in the white box, and stick it in.

Then write the French word on the solid line beside the sticker.

If you like, you can also write the English translation on the dotted line below.

les jouets	__les jouets__
	__toys__

You can also listen to all the words, read by a native French speaker, on the Usborne Quicklinks Website.

Just go to **www.usborne-quicklinks.com** and type in the keywords **1000 french pack**.

Aa

l'abeille

l'abricot

acheter

l'acteur

l'agent de police

l'aigle

l'alphabet

l'ambulance

l'ananas

l'âne — âne donkey

l'appareil photo

l'araignée

l'arbre

l'arc-en-ciel

l'argent

l'arrosoir

les assiettes

l'astronaute

attendre

attraper

l'autobus

l'avion

Bb

le badge

le badminton

se bagarrer

la bague

les baguettes

la baignoire

le balai

la balance

la baleine

le ballon

le ballon

la banane

la barbe à papa

la barque

la barrière

bas

le base-ball

le basket

le bateau à voiles

le bateau de pêche

la batterie

la BD

le bébé

la bêche

les béquilles

le beurre

la bicyclette

le biscuit

blanc

bleu

les bocaux

boire

la boîte

la boîte de peinture

les boîtes de conserve

les bols

le bonbon

les bottes

la bouche

le boucher

la bougie

la bouilloire

la boulangère

les bouteilles

le bouton

le bras

la brosse
à cheveux

la brosse
à dents

le brouillard

le buisson

le bulldozer

le bureau

Cc

le caddie

les cadeaux

le café

le café

le cahier

le camion

le camion-citerne

le camion de pompiers

le canapé

les canards

les canetons

le canif

la canne

le canot
à moteur

la caravane

la carotte

le carré

la carte

les cartes

la casquette

casser

les casseroles

le CD

la ceinture

le céleri

le cercle

les céréales

le cerf

le cerf-volant

la cerise

la chaise

le champ

le champignon

le chapeau

le chat

le château de sable

le château fort

le chaton

chaud

les chaussettes

les chaussures

le chemin

la cheminée

la chemise

la chenille

le cheval

la chèvre

le chien — le chien
dog

le chiffon —

le chiot — le chiot
puppy

les chips —

le chocolat —

le chou —

le chou-fleur

le cinéma

les ciseaux

le citron

la citrouille

clair

la clé

la clef

les clous

le clown

la coccinelle

le cochon d'Inde

les cochons

le coiffeur

la colle

le collier

les comprimés

le concombre

la confiture

le coq

le coquillage

la corbeille
à papier

le coton

la couche

la couette

couper

courir

la course

le coussin

les couteaux

le crabe

le crapaud

le crayon

les crayons cire

le cricket

le crocodile

les cuillères en bois

la cuisinière

le cyclisme

les cygnes

Dd

la dame

danser

le dauphin

le dentifrice

la dentiste

les dents

la dépanneuse

les dés

la descente de lit

le dessin

les dindons

le docteur

les doigts

dormir

la douche

le drap

le drapeau

le dromadaire

Ee

l'eau

l'écharpe

l'échelle

l'éclair

écouter

écrire

l'écureuil

l'éléphant

les enfants

les épinards

l'éponge

l'épouvantail

l'équitation

l'escalier

l'escargot

l'essence

l'étoile

être assis

l'évier

Ff

le facteur

faire

faire la cuisine

la farine

le fauteuil roulant

la fenêtre

le fer à repasser

la fermeture éclair

le fermier

le feu

les feuilles

les feuilles
les

les feutres

les feux d'artifice

la figure

le filet

la fille

la flaque d'eau

les fleurs

la flûte

le foin

le football

le football américain

la forêt

les fourchettes

la fraise

la framboise

les frites

le fromage

le fusil

Gg

les gants

le garçon

le gâteau

la girafe

la glace

la glace
Ice cream

les graines

la grenouille

gris

gros

la grue

la guitare

Hh

le hamburger

les haricots

haut

le haut-
de-forme

l'hélicoptère

l'herbe

le hérisson

le hibou

l'hippopotame

l'hôtel

l'hôtesse de l'air

l'huile

Ii

l'île

l'interrupteur

Jj

la jambe

jaune

le jean

les jouets

le journal

le juge

la jupe

le jus de fruits

Kk

le kayak

le ketchup

Ll

le lait

la laitue

la lampe

le landau

le lapin

le lavabo

le lave-linge

se laver

le léopard

les lettres

le lézard

le lion

lire

le lit

les livres

le loup

la lune

Mm

le magasin

maigre

le maillot de bain

la main

la maison

le manchot

le manège

manger

le manteau

le marché

marcher

la mare

le marin

marron

le marteau

le mécanicien

le médicament

la mer

le miel

le miroir

le monsieur

la montagne

la montre

mort

la moto

la mouche

les mouchoirs en papier

la mouette

mouillé

les moutons

Nn

la natation

le navire

la neige

le nez

noir

les nuages

Oo

l'œil

l'œuf
à la coque

les œufs

les oies

l'oignon

les oiseaux

l'orange

l'ordinateur

les ordures

l'oreiller

les oreilles

l'os

l'ours

l'ours en peluche

l'ovale

Pp

la pagaie

le pain

le pain grillé

la palissade

le panier

le papier

le papillon

parler

le passage pour piétons

le patinage

la pêche

le peintre

la pendule

la péniche

penser

la perceuse

le père Noël

le perroquet

les petits cochons

les petits pois

le pétrolier

le phare

le phoque

le photographe

les photos

le piano

les pierres

le pigeon

le pilote

le pique-nique

la pizza

le placard

la planche à roulettes

la plante

pleurer

la pluie

le pneu

la poire

le poisson

les poissons rouges

le poivre

la pomme

les pommes de terre

la pompe à essence

le pompier

le pont

le pop-corn

la porte

le porte-monnaie

porter

le poteau indicateur

la poubelle

les poules

les poupées

la poussette

les poussins

prendre

la prune

le pull-over

le puzzle

le pyjama

Rr

la radio

le raisin

la rame

ramper

le rectangle

le réfrigérateur

la règle

le renard

le requin

rire

le riz

la robe

la robe de chambre

le robinet

le robot

rose

la roue

rouge

la route

le ruban

le rugby

le ruisseau

Ss

le sac

le sac à dos

la salade

sale

les sandales

le sandwich

le sapin de Noël

la saucisse

le saucisson

sauter

le savon

la scie

le seau

le sel

la selle

la seringue

le serpent

le serveur

la serviette

le singe

le ski

le slip

le soleil

sombre

la soupe

sourire

la souris

le sous-marin

le store

le stylo
à encre

le sucre

le surf
de neige

Tt

la table

les tambours

les tasses

le taureau

le taxi

le tee-shirt

le téléphone

la télévision

le tennis

les tennis

les tentes

le thé

le tigre

la toile d'araignée

les toilettes

le toit

la tomate

tomber

la tondeuse

le torchon

la tortue

la tour de contrôle

le tournevis

le tracteur

le train

le transat

le triangle

la trompette

Uu

l'usine

Vv

la vache

la valise

le veau

le vent

le ver
de terre

les verres

vert

la vétérinaire

la viande

vide

vieux

le village

violet

les vis

la voiture

la voiture de course

la voiture de police

Yy

le yaourt

Zz

le zèbre

Notes

First published in 2008 by Usborne Publishing Ltd, Usborne House,
83-85 Saffron Hill, London EC1N 8RT, England. www.usborne.com
Copyright © 2008 Usborne Publishing Ltd.

The name Usborne and the devices ⊕ ♀ are Trade Marks of Usborne Publishing Ltd.
All rights reserved. No part of this publication may be reproduced, stored
in a retrieval system or transmitted in any form or by any means, electronic,
photocopying, recording or otherwise, without the prior permission of the publisher.
First published in America in 2009. UE. Printed in China.